MW01380386

37404406R00112

Made in the USA
San Bernardino, CA
17 August 2016